LE
NOUVEL EMPIRE ARABE

LA CURIE ROMAINE

ET

LE PRÉTENDU PÉRIL JUIF UNIVERSEL

Réponse à M. N. AZOURY bey

PAR

FARID KASSAB

PARIS (5°)

GIARD & E. BRIÈRE

Libraires-Éditeurs

16, RUE SOUFFLOT ET 12, RUE TOULLIER

1906

LE
NOUVEL EMPIRE ARABE

LA CURIE ROMAINE

ET

LE PRÉTENDU PÉRIL JUIF UNIVERSEL

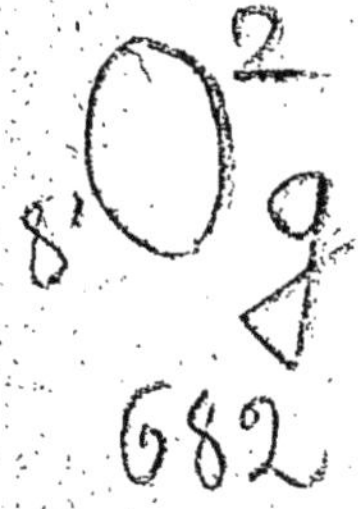

LE
NOUVEL EMPIRE ARABE

LA CURIE ROMAINE

ET

LE PRÉTENDU PÉRIL JUIF UNIVERSEL

Réponse à **M. N. AZOURY bey**

PAR

FARID KASSAB

PARIS (5ᵉ)

V. GIARD & E. BRIÈRE
Libraires-Éditeurs
16, RUE SOUFFLOT ET 12, RUE TOULLIER

1906

Si la propagande des Jésuites ne peut plus fructifier en Europe, car elle a reçu des coups mortels de la part de la science et de la raison, en Orient, au contraire, un terrain favorable s'offre à elle. Les disciples de Loyola, au milieu de leur décadence, peuvent se consoler de pouvoir préparer encore dans ce pays, de vaillants défenseurs de la croix et de leur cause. Si, malgré l'influence de leur éducation et des années d'études dans leurs cloîtres, quelques-uns de leurs élèves, même chrétiens, comme nous par exemple, se soustraient à leur pouvoir, s'affranchissent de leur admiration, les démasquent et ne peuvent leur être reconnaissants, ils ne doivent pas renoncer à toute espérance. Quand les maîtres habiles après avoir bien façonné un jeune homme ont réussi à produire un héros digne de se ranger sous leur bannière et de marcher avec eux à la réalisation de leurs vastes projets, ils peuvent, nous le croyons, sans conteste, se féliciter chaudement. Et nous songeons ici à un homme de mérite et de talent, aussi logique qu'érudit, aussi intelligent que pratique, auteur d'un livre qui vient d'être publié il y a quelque temps, à un Syrien, nommé

M. Nedjib Azoury bey, ex-adjoint du gouvernement de Jérusalem.

L'ouvrage de notre compatriote porte un titre fameux et sonore : *Le Réveil de la Nation arabe* (1). Rendons hommage à l'auteur et avouons que c'est une œuvre unique en son genre qui frappe l'imagination et excite la curiosité. Des vrais trésors, autrefois enfouis sous des couches impénétrables, y sont révélés, et des secrets d'une haute importance, jusqu'ici complètement inconnus, y sont mis au jour avec justesse et érudition.

Ces secrets intéressent le monde entier et surtout l'Europe avec les intérêts de laquelle ils se confondent. Il paraît qu'un grand mouvement social est en train de se préparer, qu'il est même à la veille de se produire. On va bientôt le voir formidable et menaçant. Il se manifestera dans une partie de l'Asie mais il embrassera l'Europe entière où s'engageront des conflits entre les puissances : « de ce mouvement une étincelle éclatera et embrassera toutes les poudrières de l'Europe » (2).

Une nouvelle destinée attend la terre.

Il s'agit, nous dit l'auteur, de deux phénomènes tout à fait prochains, inévitables :

1° Le soulèvement général des nations arabes dans le but de se détacher de l'empire ottoman et fonder une monarchie indépendante, libérale et constitutionnelle ;

2° Le péril juif universel, espèce de marée mon-

(1) *Le Réveil de la Nation arabe*, par N. Azoury. Paris, Librairie Plon.
(2) *Ibid.*, page 242.

tante qui va engloutir les cinq continents de la terre (1).

Après nous avoir cité ces deux phénomènes il nous apprend que son livre n'en est qu'une étude raisonnée, à la fois impartiale et humanitaire, patriotique et internationale, diplomatique, politique et économique (2).

Il nous dit aussi qu'il est l'étude approfondie et désintéressée d'un manifeste adressé récemment aux puissances par les Arabes, manifeste fameux que lui seul a lu et connu (et peut-être écrit), sur lequel il s'appuie pour confirmer les deux phénomènes déjà cités. Son ouvrage est donc non seulement le développement profond, l'expression totale, l'approbation complète du prétendu manifeste mais aussi la voix prophétique et retentissante qui aplanit les voies pour l'établissement d'une ère nouvelle (3).

D'après l'illustre écrivain, la nation arabe, jusqu'aujourd'hui sous la domination ottomane, ayant pris conscience de son homogénéité nationale, historique et ethnographique, a résolu de se soulever comme un seul homme, demain ou après demain, pour se détacher de la Turquie et se constituer un Etat indépendant. Dans ce but et avant l'insurrection, elle a adressé aux puissances humanitaires de l'Europe et de l'Amérique un manifeste, dans lequel, elle les supplie, de favoriser, sans intervention armée, son mouvement pacifique et de l'encourager de leurs sympathies pour qu'elle puisse

(1) *Ibid.*, avant-propos.
(2) *Ibid.*, préface.
(3) *Ibid.*, pages 100, 130, 156 et 245.

mener à bonne fin sa sainte et glorieuse entreprise (1).

Ce sont là, en quelques mots les grandes lignes du manifeste, mais, pour satisfaire à notre curiosité ainsi mise en appétit, l'auteur a eu la prévoyante idée de nous instruire davantage. Il développe le projet avec une rigoureuse logique, tranche toutes les questions, résout tous les problèmes, triomphe de tous les obstacles. D'après lui, les indices de ces événements sont clairs et incontestables. Il nous assure que ces phénomènes sont si réels, si faciles à se réaliser, si proches d'ailleurs, si proches, qu'on entend déjà la rumeur sourde dans le lointain (2).

L'ex-adjoint au gouvernement de Jérusalem qui, d'après son propre témoignage serait un personnage adroit, franc, d'une conscience haute et éveillée, d'un caractère inébranlable, aurait renoncé volontairement au poste important qu'il occupait en Palestine (nous en doutons) et résolu de se dévouer à une cause sacro-sainte de patriotisme et d'internationalisme (3).

Avant de s'embarquer pour l'Europe et de publier son livre il parcourut sur une bonne mule quelques coins de la Palestine. Il scruta l'ombre, tâta le sol, examina les physionomies des populations. Puis, s'étant entretenu de loin, mystérieusement avec les gens du Kourdistan, de l'Arménie, de l'Albanie, de la Bulgarie et de la Grèce, il songea audacieusement à constituer

(1) *Ibid.*, préface et page 242.
(2) *Ibid.*, pages 80, 129, 130, 156, 242.
(3) *Ibid.*, avant-propos VIII et page 249.

des royaumes indépendants pour tous ces pays, dans l'espace de douze jours pour les uns et douze heures pour les autres (1).

Débarquant ensuite sur les plages européennes, il jeta aux nations civilisées, aux villes, aux villages, aux couvents, aux paroisses, l'œuvre qu'il venait de publier. Ensuite, il s'entretint secrètement avec les soldats de l'Eglise et, s'adressant au patriotisme, au catholicisme et à l'internationalisme, il s'écrie : « nul homme honnête et loyal ne peut être hostile à ce mouvement bienfaisant qui ouvrira un immense débouché (aux missionnaires catholiques) au commerce international et assurera d'innombrables placements avantageux et sûrs (aux évêques latins) aux capitaux européens. Tout le monde doit s'incliner devant la solution pacifique de la question d'Orient, parfaitement en rapport avec les besoins actuels et les intérêts à venir de toutes les nations. Le nombre de ceux qui peuvent avoir des intérêts personnels opposés à cette combinaison est trop insignifiant pour que nous ayons besoin de nous en occuper » (2).

Il s'adresse ensuite directement aux capitalistes de toutes les nations, compte sur leur secours et cherche à les fasciner par les profits énormes qu'ils peuvent attendre de l'avenir : « Il est du plus haut intérêt pour les financiers européens qui possèdent des capitaux en Turquie, ainsi que pour les commerçants et les ban-

(1) *Ibid.*, pages 129, 242, 250.
(2) *Ibid.*, préface II, et pages 130 et 248.

quiers en relation d'affaires avec notre pays, de favoriser tous ces projets » (1).

La nation arabe, nous dit-il, compte 12 millions d'âmes, en Palestine, en Syrie, en Mésopotamie et en Arabie, dont 10 millions et demi sont musulmans, 1.450.000 chrétiens de toutes sectes et de toutes origines et plusieurs centaines de mille juifs indigènes qu'il ne faut pas compter (parce qu'ils sont des déicides) (2). Ayant mis de côté toutes les questions religieuses insignifiantes qui les divisaient, tous ces hommes se sont entendus secrètement pour organiser un soulèvement général, mais pacifique (3). Cette nation a déjà formé une ligue révolutionnaire avec des membres et des délégués (et M. Azoury en est sans doute le président) (4).

Une fois la révolution pacifique réalisée, la nouvelle monarchie arabe se donnera sa forme politique et ses frontières géographiques (L'auteur rappelé de l'exil sera sans doute le ministre des finances). Elle s'étendra dans les limites de ses frontières naturelles depuis la vallée du Tigre et de l'Euphrate jusqu'à l'Isthme de Suez et depuis la Méditerranée jusqu'à la mer d'Oman (5).

Pour le bien et dans l'intérêt des musulmans (et de la Curie Romaine), l'empire arabe (les catholiques fervents) séparera le pouvoir civil du pouvoir religieux et donnera au chef suprême de l'Islam, le chérif, descen-

---

(1) *Ibid.*, page 244.
(2) *Ibid.*, préface III, et pages 22, 167, 242, 164, 165.
(3) *Ibid.*, pages 129, 242, 243.
(4) *Ibid.*, préface I, et pages 244, 250.
(5) *Ibid.*, préface I, et page 245.

dant du prophète, un petit territoire indépendant, le vilayet actuel de Hejaz avec la ville de Medine jusqu'à l'Akaba. Le chef suprême de l'Islam embrassera franchement ce parti et se vouera entièrement à sa disposition » (1).

L'empire arabe respectera aussi l'autonomie du Liban, le statu-quo dans les sanctuaires chrétiens et l'indépendance des immenses territoires du Yemen, de Nedjed et de l'Irak. En un mot, il laissera l'Arabie aux Arabes, le Liban aux Libanais, la Palestine à la Curie Romaine et ne comprendra que la moitié de la Syrie et de la Mésopotamie (2). Tout est déjà organisé et préparé ; les codes et les lois sont écrits, le sultan est nommé, ce sera un Egyptien de la famille khédiviale (3) (Il ne manque que de placer les actes dans les Archives). L'Egypte ne sera pas comprise dans cet empire parce que les Egyptiens n'appartiennent pas à la race arabe, comme les habitants de la Syrie et de la Mésopotamie ; ils sont de la famille berbère africaine et la langue qu'ils parlaient avant l'Islam n'était pas l'arabe (4).

Le bienfaiteur révolutionnaire pacifique qui promet à l'humanité des richesses considérables et surtout une période de paix et d'amour, voit le monde se revêtir tout à coup d'une robe blanche (et le catholicisme, dans sa splendeur, rayonner au travers).

(1) *Ibid.*, préface II, et pages 245, 246.
(2) *Ibid.*, préface II, et page 245.
(3) *Ibid.*, page 245.
(4) *Ibid.*, page 246.

Soudain, il a une vision et il lui semble voir dans le lointain surgir le lion du désert. Il le voit se promener, fauve, sur le territoire de la Syrie, sur les plaines sablonneuses de l'Arabie, et sur les rives riantes du Tigre et de l'Euphrate. Il entend ses rugissements dans les vallées et sur les monts, bruits sourds, pareils eux roulements sonores des vagues. « J'entends déjà le bruit sourd qui annonce le tonnerre et je vois briller l'éclair qui précède les grandes tempêtes. Le lion du désert se réveille ; les montagnes de la Syrie et les plaines de l'Euphrate, vont retentir de ses rugissements » (1).

Après avoir observé le lion qui se promène, il voit une mer dévastatrice qui s'avance d'un autre côté. Alors, il tend les bras comme un naufragé, crie au secours et, toujours humanitaire, sensible et idéaliste, il annonce à l'Europe et au monde entier qu'un péril juif universel, océan monstrueux, est prêt à les inonder (2).

A chaque page de son livre (comme réclame) il nous renvoie à un ouvrage en préparation, qui sera très volumineux d'après lui et qui portera le titre suivant : *Le péril juif universel* (3). Mais un an ayant passé depuis lors sans que cette œuvre ait vu le jour, il est probable que ce flux engloutisseur est ajourné.

Les Juifs, nous affirme-t-il, sont en train de conspirer dans l'ombre (4). Ils ont l'intention de fonder une

(1) *Ibid.*, page 80.
(2) *Ibid.*, avant-propos I, II.
(3) *Ibid.*, préface III.
(4) *Ibid.*, avant-propos VI.

monarchie indépendante en Palestine qui rêvera ensuite de conquête et d'extension (1). Mais l'empire d'Israël va se heurter contre le colosse arabe surgissant dans le désert. Tous les deux en viendront aux prises. L'un voudra écraser l'autre. Il y aura des guerres sanglantes et des combats affreux. Des ruisseaux de sang couleront et diverses catastrophes auront lieu. De ces guerres et de ces cataclysmes dépendra le sort de l'un des deux empires et celui de l'humanité. L'horizon est sombre, ajoute-t-il, si, incrédule à notre voix le monde veut rester indifférent, il perdra des intérêts énormes et des profits avantageux (et les fervents catholiques verront s'approcher la fin du monde et se réaliser les visions de l'Apocalypse) (2).

Imbu de ces idées bienfaitrices, l'illustre visionnaire eut l'idée (généreuse) de peindre les Juifs tels qu'il les connaît et tels qu'il les comprend.

Pour cela, et pour bien les définir, il voulut se servir de la Bible, car, le passé d'un peuple dit-il, est la plus fidèle image de son état présent et de son avenir. Cependant, il rejette l'explication littérale des docteurs juifs et se range à l'interprétation figurée et mystique de l'Eglise catholique devant l'autorité de laquelle il s'incline (3).

Devenu théologien, il frappe d'excommunication les Israélites et leurs docteurs pour leur interprétation biblique qui diffère de la sienne et de celle de son

(1) *Ibid.*, pages 6, 44, 46.
(2) *Ibid.*, avant-propos, I.
(3) *Ibid.*, avant-propos VI et VII.

Eglise infaillible. Il déclare sincèrement, franchement,
qu'il s'élève au-dessus de tout préjugé religieux, qu'il
fait abstraction de ses sentiments et de ses convictions
pour n'envisager la question qu'au point de vue pure-
ment politique (1).

Il remonte ensuite dans le passé le plus lointain à la
recherche des frontières géographiques de l'ancien
royaume d'Israël. Il le trouve borné à la rive occidentale du Jourdain, avec 8 millions d'âmes, sans compter,
dit-il, une avant-garde sur la rive est de ce fleuve, for-
mée par les tribus de Ruben, de Gad et de Manassé (2).
Non content de ceci, il multiplie les critiques acerbes
contre les Juifs d'autrefois, morts depuis trois mille ans,
et les blâme d'avoir toujours vécu en paix, d'avoir passé
leur temps à cultiver la terre au lieu de prendre les
armes, de subjuguer des peuples et d'exterminer des
nations (3). Il avoue sincèrement que, sans leur morale
et leur religion, ils ne mériteraient pas d'être appelés
peuple, et ne seraient pas intéressants pour un historien (4). Ils auraient dû, ajoute-t-il, conquérir et étendre les limites de leur territoire jusqu'au mont Her-
mont et à la vallée du Léontès, en poussant une avant-
garde en Syrie jusqu'à la hauteur de Sidon. Ainsi
formé, leur royaume aurait duré jusqu'à nos jours (5).

Il envisage ensuite la question actuelle et il croit

---

(1) *Ibid.*, avant-propos et pages 7 et 8.
(2) *Ibid.*, pages 1, 5, 6, 23.
(3) *Ibid.*, page 4.
(4) *Ibid.*, page 5.
(5) *Ibid.*, page 6.

découvrir le plan d'action des Juifs. Il est persuadé qu'ils veulent rétablir en Palestine une monarchie en acquérant des terrains que leurs ancêtres n'ont jamais possédés, territoires qui deviendront imprenables entre leurs mains (1). Il critique l'Europe endormie et surtout les autorités consulaires de la Palestine dont l'organisation présente de graves défauts. D'abord, elles ne sont pas en nombre suffisant ; ensuite, elles ne sont pas centralisées, comme leur devoir l'exigerait, pour contrecarrer le péril juif universel. Les puissances doivent déposer ces consuls fainéants et flegmatiques qui ne rêvent que fortune et avancement ; sinon, elles seront responsables des calamités qui frapperont la terre (2).

Quelle preuve voudra-t-on plus éclatante et qui montre mieux l'imminence du péril juif universel que le fait suivant qui s'est produit en 1903 : « Quelques juifs pour se venger d'un musulman l'accusèrent d'une faute qu'il n'avait pas commise. Mis en prison, il fut délivré par la justice » (3). Ce fait considérable, qui doit être mentionné dans les annales, prouve que le péril israélite menace le monde entier.

L'auteur envisage ensuite la Palestine qui va devenir une province du nouvel empire arabe, dans son rapport avec la politique des puissances.

Il nous apprend que la Russie et l'Angleterre sont en lutte pour sa conquête, mais que Albion ayant refoulé

(1) *Ibid.*, page 7.
(2) *Ibid.*, pages 45, 46, 47.
(3) *Ibid.*, page 31.

l'Ours Blanc dans les glaces éternelles, la Palestine va rester à l'empire arabe lequel va se reconcilier avec les deux puissances devenues ses amies (1). Car, si le Tzar, fils du soleil, ajoute-t-il, prenait Jérusalem qui a le tombeau de Notre Seigneur J. C., il jouirait d'un grand prestige religieux et aurait une supériorité morale sur le Saint Père, obligé de résider dans une ville que Jésus n'a pas habitée et où il est tenu prisonnier (2) (Il faudra transporter le pape à Jérusalem).

L'Allemagne, dit-il, ne nourrit pas d'ambition en Terre Sainte, mais seulement en Asie Mineure. Cette puissance est douée d'aptitudes colonisatrices; les Allemands sont doux, assimilateurs et sociables. Le voyage de Guillaume II en Palestine fut un voyage d'agrément, entrepris pour inaugurer une église, car l'empereur est très pieux. L'auteur est sûr que la puissance germanique favorisera de son mieux la révolution arabe (3).

Mais il frappe d'excommunication l'Italie, critique sévèrement sa conduite irréligieuse et hostile envers le Pontife de Rome. Au lieu de se brouiller avec celui-ci, elle aurait mieux fait de lui obéir. Grâce à lui, elle aurait trouvé en Orient un terrain favorable à son influence et tiré grand parti de l'accaparement, par ses nationaux, des délégations et préfectures apostoliques. Le mépris avec lequel elle a traité le pape, obligea celui-ci à se jeter dans les bras de la France; mais

(1) *Ibid.*, pages 54, 81, 91 à 100.
(2) *Ibid.*, page 55.
(3) *Ibid.*, page 131 à 142.

comme celle-ci à son tour le maltraite, il se retournera vers le gouvernement du Quirinal repentant. Tant pis pour l'Italie qui n'a pas su tirer profit de l'Orient dans le passé; aujourd'hui elle doit se déclarer l'amie de l'empire arabe (1).

Il pardonne à la Russie sa cupidité, à l'Angleterre son activité, à l'Italie sa négligence, à l'Allemagne ses ambitions; mais il en veut à la France et ne lui pardonne pas le manque d'énergie, l'extinction des sentiments chrétiens et surtout la politique anti-cléricale. La nation française n'est plus la nation glorieuse, elle sombre dans le néant ! Peut-on espérer voir sortir de son sein une Jeanne d'Arc, un Godefroi de Bouillon, un Pierre l'Hermite, les Croisés d'autrefois, ou quelqu'autre illustre catholique ? Hélas ! plus d'anges n'apparaissent à des bergères, plus de saints ne font des miracles, plus de chef d'état ne songe à une Saint-Barthélémy, plus rien de tout cela, plus rien ! On voit aujourd'hui des hérétiques continuer de vivre, des déicides respirer sous le soleil. On voit un Combes et ses partisans gouverner, faire triompher l'irreligion et poursuivre des cléricaux innocents qui ne faisaient que prier pour la France et pour son armée. Pourtant, cette République qui entreprend une si triste politique intérieure et extérieure encourageait beaucoup les missions cléricales en Orient. Il ne veut pas croire que la France va renoncer aux habitudes traditionnelles. Il reste en suspens, hésitant, le cœur palpitant d'espérance et de crainte.

(1) *Ibid.*, pages 143 à 147.

Depuis quelque temps, dit-il, la France cherche à répandre la libre pensée sur son territoire et sur le monde. Avant de propager la morale et la raison, elle doit étendre le catholicisme, s'efforcer, par tous les moyens, de baptiser tous les hommes : Boudhistes, brahmamistes, musulmans, juifs, hérétiques, etc. Quand elle réalisera cette œuvre poursuivie par les armées cléricales, et quand tout le genre humain sera plongé dans le marais du catholicisme, alors elle pourra répandre la libre pensée et alors les hommes deviendront des libres penseurs ! (1).

En Orient, ajoute l'auteur, la France a envoyé des missions et a protégé les églises orientales. Elle voulut toujours conserver leurs libertés traditionnelles et leur a ouvert largement sa bourse. Respectant leurs rites, elle travailla à leur émancipation. Grâce aux très révérends Jésuites, aux Lazaristes et aux Franciscains (va-nu-pieds) la conversion des Orthodoxes orientaux aurait été possible. En outre, les missions françaises ont toujours stimulé l'émulation de l'Angleterre, de l'Allemagne et des pays protestants (2).

Malheureusement, la République d'aujourd'hui n'entreprend plus d'œuvres saintes en faveur des églises orientales. Elle ne travaille plus à leur conservation et à leur émancipation, elle ne prête plus son appui au Très Saint Père dont l'unique but est de les latiniser et de les absorber (3).

(1) *Ibid.*, pages 105 et 106, 127 et 128.
(2) *Ibid.*, pages 108, 109, 110, 111.
(3) *Ibid.*, livre IV.

Il y a en Palestine et spécialement à Jérusalem, un
ordre religieux international, recruté parmi toutes les
nations, mais que la France avait autrefois à protéger.
Ce droit de protection, reconnue à elle, lui donnait une
place prépondérante en Orient. Mais elle hésite aujour-
d'hui à protéger ceux qui, parmi ces religieux, ne sont
pas ses nationaux, les allemands, les italiens, les autri-
chiens, les espagnols, etc. Ne sait-elle pas, qu'en
agissant ainsi, elle perd une bonne clientèle, que
l'Allemagne voudra intervenir en faveur de ses sujets,
que l'Italie, l'Autriche, l'Espagne imiteront cet exemple ? Il critique la République qui ne veut pas se
mêler des questions des lieux saints ou des questions religieuses, ni secourir les nombreuses congrégations, et rappelle à ce propos les paroles qu'aurait prononcées M. Combes, l'ancien président du conseil : « le protectorat des catholiques d'Orient n'a pro-
curé à la France que des ennuis et des embarras. La
fille aînée de l'Eglise ne veut plus protéger ses sœurs,
des nations, qui sont devenues assez grandes pour se
passer de sa tutelle » (1).

Il taxe d'ignorance et d'imprudence l'ancien ministre.
Il déclare que la République française qui ne s'intéresse
plus à ce que les Franciscains balayent une dalle de
plus ou de moins dans le parvis du saint Sépulcre, est
en pleine décadence. Malheur à ces faux raisonneurs,
s'écrie-t-il avec indignation, qui, perdant le sens moral
perdent aussi le sens politique. Ne savent-ils pas que

(1) *Ibid.*, pages 116 et 117.

le saint Sépulcre est la clef de tout l'Orient, sans laquelle ils ne pourront l'ouvrir ? Pourquoi, ajoute-t-il, le gouvernement français n'intervint-il pas pour les Franciscains internationaux lors d'une rixe formidable qui éclata entre eux et les prêtres hellènes ? Dans les prochaines bagarres sanglantes l'Allemagne interviendra pour protéger les Cordeliers allemands, l'Italie et l'Autriche leurs nationaux. Pourquoi la France refusa-t-elle d'envoyer une escadre lors d'une émeute qui éclata en 1903, à Beyrouth, causée par des apaches fanatiques, et laissa-t-elle au gouvernement local le soin de l'étouffer? Il proteste ensuite contre l'insulte qu'aurait faite l'escadre française aux églises orientales catholiques en refusant de saluer par une salve la visite des deux évêques maronites.

Le quai d'Orsay, dit-il, travaillait pour arracher le patriarcat latin de Jérusalem aux mains des Italiens, mais la rupture du Concordat a détruit toute chance de succès, de sorte que les Italiens vont garder ce privilège pour relever et émanciper, suivant leur habitude, le clergé oriental. Si la France avait continué à marcher avec le pape, elle aurait conquis le patriarcat, puis le Saint Sépulcre, la clef de l'Orient. Aujourd'hui, si elle refuse de redevenir comme auparavant la fille aînée de l'Eglise, ne sait-elle pas que le Saint Père furieux, donnera le patriarcat et le protectorat des églises à d'autres nations et qu'à la place d'un Mgr Duval il nommera un catholique anglais ou allemand ? Non, dit-il, la fille aînée de l'Eglise restera fidèle à son passé glorieux. Elle se repentira, elle, la plus libérale et la plus démo cratique des nations. Avec l'Angleterre et la Russie elle a joué le rôle le plus important en Europe et en Asie. Chose curieuse ! Ces trois nations, dans leur histoire, se sont distinguées par des politiques particulières et des conduites coloniales différentes. La Russie, depuis Pierre le Grand, n'a cessé, au fur et à mesure qu'elle reculait les limites de son territoire, d'étendre l'orthodoxie. La France, a toujours servi une idée religieuse ou morale, elle a propagé successivement le christianisme, le catholicisme et la démocratie. Toutes deux, Russie et France, ont employé la force brutale pour la propagation de leurs idées, toutes deux ont versé des ruisseaux de sang. Quant à l'Angleterre, elle a laissé libre la conscience, elle a aboli l'esclavage et elle est arrivée à son but par des négociations pacifiques. Conclusion : le plus beau rôle de ces trois puissances est, sans conteste, celui de la France d'autrefois (1)...

Parmi les puissances de la terre, dit l'illustre penseur et historien, il y en a une, plutôt spirituelle que temporelle, qui joue un rôle très considérable, et ce rôle s'accentuera avec les événements qui vont se produire en Orient. La politique religieuse de cette puissance qui émane d'En Haut, est cependant étroitement liée aux questions pratiques et terrestres et finit par se confondre avec elles. La Curie Romaine cherche à étendre son autorité, à dominer, à subjuguer, à absorber. Son chef suprême, successeur de Jésus-Christ et de saint Pierre, a ravagé l'Orient par ses armées considérables

(1) *Ibid.*, pages 104 et 105.

(véritables bandes noires). Elles ont mission de ramener à leur bercail les pauvres brebis égarées qui paissent encore des légumes orientaux Leur but est de convertir, de catholiciser et de latiniser (1).

La Curie Romaine possède en Orient une bonne clientèle de catholiques indigènes au nombre de 750 mille. Comme ces chrétiens appartiennent à différents rites : maronite, chaldéen, syrien, catholique, grec melkite, etc., et comme ces sectes sont devenues ennemies les unes des autres à cause des intrigues cléricales, la politique du saint Siège consiste à les absorber toutes (2).

L'auteur critique le Pape d'avoir laissé subsister les églises orientales. Il l'encourage à les dévorer le plus tôt possible. Le successeur de saint Pierre, dit-il, a commis une grosse faute en attachant quelque importance à des questions insignifiantes de rites (n'est-ce pas là un hérétique ?) Il aurait dû, usant de son infaillibilité, absorber toutes ces sectes et les mettre dans un même sac. Cependant, ajoute-t-il, la conduite du saint Père à l'égard de ces églises est louable et logique.

Le saint Siège est excusable pour la très grosse faute qu'il a commise en laissant subsister jusqu'à présent les rites orientaux traditionnels (3). Mais qu'il se hâte de latiniser les 700 mille chrétiens orthodoxes qui chantent encore dans un charabias gréco-arabe qu'ils ne comprennent pas.

L'auteur se tourne ensuite contre la Turquie et se met à

(1) *Ibid.*, chapitre VIII.
(2) *Ibid.*, pages 158, 165, 166.
(3) *Ibid* , page 168.

tonner contre elle et contre ses agents, ses anciens amis.
Il s'efforce de prouver son innocence et son altruisme,
de démontrer qu'il n'est qu'un saint martyr. Mais il
croit sérieusement critiquer les procédés du gouvernement turc et ébranler la domination ottomane, quand il
raconte des choses à sa façon, quand il attaque des
employés, comme lui fidèles à la constitution gouverne-
mentale, remplissant comme lui, avec honnêteté, la
charge qu'on leur avait confiée. D'après lui c'est la Turquie qui a tort quand des fonctionnaires de son espèce qui
ont beaucoup de sens moral, rêvent de si excellentes réfor-
mes pour leur pays. Après avoir cherché en vain un point
important pour attaquer ses procédés de gouvernement,
il ne put lancer ses anathèmes que contre ceux qui ont
contrecarré ses cupidités honnêtes. Mais il voulut taxer
de despotisme le gouvernement de la Sublime Porte, il
réalisa son désir après avoir honorablement déserté.
Mis à la retraite en Palestine, il touchait ses appointe-
ments, et si on eût continué à les lui payer, n'importe,
M. Azoury bey, homme d'honneur et d'idéal serait tout
de même passé à l'étranger ! (Le serait-il ?) Il se qua-
lifie cependant d'homme de conscience, d'honnêteté,
d'humanité, de justice, de désintéressement et de
sagesse. Il était un fonctionnaire très obéissant en effet,
et s'il voyagea en Palestine contrairement aux ordres
de son gouverneur et non pas à ses frais, c'était pour
l'humanité et par un sentiment d'altruisme. Et s'il
déserta, ce fut par un acte de loyauté afin de donner un
bon exemple de discipline et de sagesse à ses compatriotes.

Le gouvernement ottoman réprime des désordres causés par le fanatisme de race et de religion et par des intrigues extérieures, tenant en cela probablement une conduite contraire à celle de tous les autres gouvernements du monde qui ne manquent jamais d'applaudir aux révoltes, pour M. Azoury ce gouvernement est tyrannique. Il met en prison un voleur ou un brigand, casse un mauvais employé, respecte les mœurs et les usages du pays, n'y introduit que les innovations nécessaires et indispensables, pour cela il mérite d'être remplacé par un autre. L'Orient est en ruine, exprime-t-il, sans aucune civilisation, c'est le pays des guet-apens, les hommes y sont malheureux, il faut un remède énergique, un bouleversement complet.

II

C'est ainsi que l'auteur, l'illustre Azoury bey, présente à l'Europe l'état de la Palestine actuelle, la description de son gouvernement, les bienfaits de la Curie Romaine, le péril juif universel, le nouvel empire arabe, les révolutions prochaines et surtout, les précieux moyens pour arriver à résoudre la question d'Orient. Comme nous l'avons vu, par sa sagacité et ses profondes connaissances, il réussit à trancher ce problème ardu qui tourmente son âme anxieuse et celle des plusieurs autres.

Que saint Pierre et son successeur le très saint Père soient enchantés de la solution proposée par M. Azoury bey, c'est possible, c'est même sûr, et notre auteur peut évidemment attendre sa récompense. Cependant, comme la Curie Romaine et le Vatican ne représentent pas, tant s'en faut, toute l'opinion publique, il se peut, malheureusement pour lui, que cette maudite question d'Orient qui lui cause des cauchemars, ne soit pas résolue selon ses vues.

M. Azoury bey, avec sa profonde confiance en lui-même, croit naïvement, que les affaires seront vite réglées dès que le pape aura prononcé sa décision et qu'il en aura prescrit l'exécution à ses évêques. Sa belle foi aveugle dans les mystères et son obéissance passive à la célèbre infaillibilité, lui ont fait croire que tout le monde et l'Orient partageaient son aveuglement. Il a voulu sacrifier sans hésitation aux intérêts de Rome 10 millions et demi (sur 12 millions d'habitants) d'arabes musulmans qui ne partagent pas ses idées latines et qui ne l'ont pas chargé, nous le croyons du moins, d'être leur délégué ou leur apôtre auprès des puissances européennes et d'apprendre à celles-ci qu'ils se sont réveillés.

Les contrées sémitiques de l'Orient, c'est-à-dire l'Arabie, la Mésopotamie, la Syrie et la Palestine appartiennent, on le sait, aux musulmans. En vérité, ce n'est pas à un chrétien latin fervent, employé de l'Eglise Romaine, à décider de leur sort, à les fondre dans un empire, à leur donner des lois, à réformer leur religion et à songer au salut de leurs âmes. Notre grand réformateur aurait pu, tout au moins, prendre leur avis sur ce sujet, au lieu de se contenter de la vénérable bénédiction apostolique. Qu'il ait demandé conseil au pape et aux Jésuites, à un patriarche latin ou catholique quelconque de la Palestine, nous le croyons sans peine; mais cela peut-il suffire? Que tous ces Messieurs, comme il le dit, constituent des armées considérables qui ont envahi l'Orient, c'est possible, mais ils n'en sont pas encore tout à fait les maîtres. Qu'il ait recueilli la haute approbation de quelques chrétiens intransigeants de toutes sectes aveuglés par l'éducation cléricale, par des préjugés et théories anti-humaines et anti-gouvernementales, soit; mais, ce petit nombre de gens bornés, qui ne sont rien en face de la population musulmane et chrétienne attachée à son pays, ne sont certes pas désignés pour dicter à un empire arabe les lois et les principes de sa religion. Si le dévot Azoury bey et les Jésuites sont ennemis de l'islamisme et veulent le détruire, qu'ils commencent par veiller sur eux-mêmes et par se défendre contre ceux qui, après avoir réfuté leur fausse doctrine, les poursuivent sans merci. Si une partie du genre humain s'incline encore aveuglément devant leurs théories, la majorité les rejette et les méprise. Si le catholicisme tombe en décadence, si le christianisme, même non dogmatique subit le même sort, l'islamisme, avec tous ses dogmes, et sans la moindre propagande, pénètre des pays nouveaux et reste apprécié par la pensée profonde.

Et il est très intéressant ce gigantesque empire spirituel (que M. Azoury appelle, on se demande pourquoi, constitutionnel) calqué sur le modèle de la papauté. Sa Sainteté de Rome doit beaucoup à ce zélé prédicateur du catholicisme, à l'âme si ardente et si exaltée qui peut faire pour sa gloire autant de propagande et de tapage que les disciples de Loyola. Il lui doit certainement une bonne place au paradis ! C'est ainsi qu'on parviendra à convertir et à absorber l'Orient : multiplier le nombre des congrégations et toutes les armées noires de la propagation de la foi, Jésuites, Lazaristes, Franciscains, Capucins, Pères Blancs, Pères du Saint-Esprit, Pères Dominicains, Pères de St-Pierre, Pères de St-Sépulcre, Pères de St-Sauveur, Assomptionistes, Sionistes, Frères, Sœurs etc., etc., avec des congrès eucharistiques fastueux, et le nouvel empire arabe sera une branche de la Curie Romaine. Les évêques latins trouveront dans son sein des places avantageuses. Les associations cléricales désertant l'Europe, auront des terrains à accaparer et des âmes à exploiter. Jérusalem, la ville sainte, sera le second siège de l'empire latin après Rome. Alors, finalement, M. Azoury sera canonisé par l'Eglise et il aura une niche et une gloire immortelles.

Ce qui est excessivement intéressant et vraisemblable c'est que la Curie Romaine, fidèle à ses principes et à ses traditions, avec toutes ses bandes à têtes tondues, travaille à faire surgir le royaume musulman. Seulement, pour son bien, amicalement, elle continuera à recruter en Europe des troupeaux de moines sympathiques, à les expédier en Orient pour l'aider à se constituer, pour former les cœurs des chrétiens, leur inculquer le sentiment national, et les rapprocher des musulmans desquels ils se sont éloignés.

Car, et personne n'en doute, la Curie Romaine et ses bandes, tels que les excellents et très révérends Jésuites, travaillent activement et sincèrement à rétablir

l'union et l'amour entre deux peuples indigènes, autrefois très unis, de même race, presque de même esprit,
ayant même langue, même histoire, même gouvernement.

Il y a un siècle que ces braves gens, les Jésuites et
compagnie, qui continuent l'œuvre des Croisés, se con-
sacrent à ce but philanthropique et humanitaire. Ils
cherchent par tous les moyens pacifiques à réconcilier
deux sectes, qui, au fond, ne sont pas ennemies. Pour
rapprocher les chrétiens qui, malgré tout, sont des
asiatiques et des orientaux, des musulmans leurs
compatriotes, ils combattent le fanatisme, les préjugés
et les fausses théories.

Il y a un siècle, en effet, qu'ils sèment l'antagonisme,
qu'ils soufflent la désunion, et qu'ils répandent, avec
tenacité et orgueil, sans vouloir ni plier ni changer, des
doctrines et des théories personnelles aussi absurdes
que malfaisantes, attaquées par tout le genre humain.
Il y a un siècle qu'ils poursuivent un but bien connu
du monde intelligent, le même but qu'autrefois, au
commencement du XVIᵉ siècle, leurs premiers chefs dans
leur emportement, avaient juré d'atteindre. Il y a un
siècle qu'ils exploitent une population orientale ; ils la
démoralisent, l'obsèdent et la détournent de ses
devoirs et de ses sentiments primitifs, sains et sincères.

Et ils ont réussi, grâce à un labeur constant et à une
discipline qui leur est particulière, à grossir la haine
entre les deux sectes de l'Orient, à rallumer le brandon
du fanatisme et de l'antagonisme. Ils ont ressuscité du
sein de l'oubli toutes ces questions de dogme, de rite

et d'opinion qui répugnent à la raison, et qu'un esprit
modéré et pratique, de sagesse et d'entente, avait éteints
et enterrés. Ils ont inculqué à leurs élèves ce bel esprit
d'aristocratie, d'orgueil, de luxe et de raffinement. Par
leur activité secrète, leur influence et leurs intrigues religieuses, ils ont séparé non seulement le chrétien du
musulman, mais le chrétien d'un autre chrétien, le fils
de son père, le frère de son frère, l'indigène de son
gouvernement. La compagnie de Jésus a créé une sorte
d'anarchie intestine dans les esprits et dans les foyers,
un doute et un pessimisme chez les jeunes, résultat
d'une réaction contre le cloître et contre ses dogmes.
Mais ainsi elle croit avoir réalisé les préceptes évangé-
liques. C'est pour cela que sa conscience est tranquille.

Toutes les congrégations catholiques qui étouffent
l'Orient, sont très favorables à son relèvement !!
Très nombreuses, elles s'enrichissent aux dépens des
différentes populations chrétiennes qu'elles dominent,
chacune d'elle gouvernant un groupe. Sous prétexte
de leur donner une instruction ou de prodiguer un cer-
tain bienfait apparent par lequel elles les fascinent,
et qui du reste n'est qu'un heureux moyen pour
vivre, dominer et s'enrichir, instruction vicieuse qui
les rend plus malheureux, qui les prépare pour d'autres
mondes, d'autres siècles ou pour des couvents, elles les
façonnent à leur gré, pour leur cause et leurs idées.
Elles les captivent, les abrutissent, et sèment entre eux
des préjugés ineffaçables. Elles font assez souvent de
leurs fruits, les chrétiens, des dénaturés, des machines
passives, des individus bornés, des esprits faussés, sans

jugement, incapables de tendre la main pour panser si peu que ce soit la plaie dont souffre leur patrie.

D'un autre côté, dissimulées sous des voiles hypocrites, se glissant comme des serpents dans des sentiers obliques, familiers, toutes ces congrégations cherchent à convertir les hommes de l'Islam. Mais ceux-là ont en horreur la prêtrise, le polythéisme et ses symboles, et possèdent une morale bien plus parfaite et plus raisonnable, qui ne produit pas des sociétés aussi vicieuses et aussi dénaturées.

Oui, oui, elles ont réussi à faire régner la paix en Orient! Elles prétendent d'ailleurs qu'elles ont répandu la civilisation dans un pays qui ne la connaissait pas et qui ne l'a jamais connue. Elles s'attribuent avec ostentation le mérite d'avoir réveillé une nation et d'avoir uni ses membres séparés. Mais elles continuent de jouer leur rôle funeste et misérable. Tout cela, oh ! c'est pour le bien de l'Orient, pour les musulmans comme pour les chrétiens et pour l'empire qui va éclore dans le désert !

Notre Déserteur prétend être arabe, délégué ou chef de la ligue nationale. Cependant, comme nous l'avons vu, pour gagner sans doute les sympathies des catholiques, il exalte les Croisades, chante Godefroi de Bouillon et Pierre l'Hermite, et en secret, se fait le pionnier de l'ambition de la Curie Romaine. Il approuve, appuie et encourage ses bandes, ramassis de toutes les puissances et de toutes les nations, souvent ennemies entre elles. On le sait, au point de vue religieux toutes ces congrégations travaillent pour un seul et même empire, au point de vue économique pour leurs propres et insondables coffres, au point de vue politique pour plusieurs et différentes nationalités. On le sait, elles peuvent très facilement trahir leurs propres gouvernements, dont elles sont souvent les ennemies, quand leurs intérêts le demandent. On le sait, aucune d'elle ne poursuit l'idéal de sa nation. Elles sont réactionnaires, mauvais représentants d'un peuple, en vérité, mauvais échantillon.

Non content de chanter les Croisades et la Curie Romaine, M. Azoury qui se dit arabe, cherche par un internationalisme bruyant à s'attirer les sympathies des gros marchands, et par un chauvinisme, qui n'est qu'un latinisme exalté, à gagner les catholiques dévots des nations européennes. Sans doute, il veut les pousser à faire le pélerinage de la Terre Sainte pour permettre aux Assomptionnistes de les dévaliser.

Cependant, par dessus cet internationalisme et ce chauvinisme, outre la bénédiction apostolique récompense bien maigre pour satisfaire ses ambitions et qu'il est d'ailleurs sûr d'obtenir, il rêve, homme pratique, d'un titre honorifique et d'une situation avantageuse donnée par le souverain du Vatican. Peut-être, au point de vue religieux ambitionne-t-il une place parmi les saints serviteurs de l'Eglise et une auréole qui couronnera sa prochaine tonsure. Que le représentant de Dieu daigne exaucer ses prières car, en vérité, cet homme a des désirs inférieurs à ses mérites.

Ce qui est particulièrement intéressant et ce qu'il ne faut pas oublier, c'est qu'une révolution pacifique va

éclater en Asie, que les indices en sont incontestables,
qu'elle embrasera toutes les poudrières de l'Europe et
qu'elle engendrera des royaumes et des empires. Notre
homme a cette fois perdu la boussole. Il a sans doute
pris une forte dose d'opium pour rêver de choses si fantasmagoriques. Il est vrai qu'on ne voit rien dans le
présent, mais n'appartient-il pas aux génies de présager
l'avenir ? Les esprits prophétiques pénètrent l'inconnais-
sable. L'apocalypse de M. Azoury est d'une haute et
incontestable valeur, car l'auteur est une âme d'élite.

Et la nation arabe ? Ah ! arrêtons-nous sur ce mot.
Où est-elle donc ? Là-bas, nous dit-il, dans la péninsule
arabique. En effet, il y a dans cette vaste contrée, plusieurs millions d'habitants, unis par l'Islam, mais
divisés en tribus et en peuplades, souvent en guerre les
unes contre les autres, toujours nomades, heureux de
leur genre de vie patriarcale à laquelle ils n'ont point
renoncée depuis plusieurs milliers d'années, car, poètes
et chevaleresques, ils aiment trop l'horizon sans borne,
les cavales légères et le ciel infini. Mais notre illustre
compatriote les appelle prétentieusement nation qui a
pris conscience de son homogénéité historique et
ethnographique, car, comme on le voit, il comprend
très bien le sens de ce qu'il dit. Sans doute, il a très bien
étudié ces questions pour définir si justement, à sa
belle manière, les mots qu'il a écrits. Mais voilà donc la
nation arabe, un nombre infini de tribus, des luttes
continuelles, une vie nomade et insouciante.

Trois autres contrées sémitiques : la Mésopotamie, la
Syrie et la Palestine doivent se joindre à l'Arabie pour

former le fameux empire. Ces trois pays sont la
nation arabe, nous dit-il, qui a pris conscience de son
homogénéité historique et ethnographique. Il s'amuse
à appeler tous les habitants de ces contrées arabes,
race arabe, car tous parlent aujourd'hui la même langue. Peut-être, étant latin et parlant le français vou-
dra-t-il aussi se croire français. Pourquoi l'illustre
révolutionnaire ne se rend-il pas dans plusieurs autres
pays, l'Egypte, l'Algérie, le Maroc, etc., où la langue
arabe est parlée, pour prêcher le soulèvement général
de la nation et race arabe contre les gouvernements
respectifs ?

Le grand homme nous affirme cependant que le
réveil de la nation arabe s'est déjà réalisé, il le prouve
en s'appuyant sur un prétendu manifeste adressé aux
puissances par la prétendue ligue révolutionnaire.
Quels sont ce réveil, cette ligue et ce manifeste ? Le
réveil n'est autre chose que le hurlement frénétique du
prédicateur fuyard. La ligue, c'est peut-être une union
de têtes hallucinées composée de Jésuites et de gens de
son espèce. Quant au manifeste, nous l'avons lu, c'est
bien le livre intéressant que nous avons résumé.

Et cet ouvrage ridicule, est, de plus, nuisible et inso-
lent, car, il trompe et peut créer une sorte d'antagonisme
entre les sectes de l'Orient et chez quelques gens sim-
ples, il peut semer la haine et les préjugés. Il est
outrageant, non seulement envers les musulmans, les
juifs et les chrétiens non latins, mais aussi envers le
gouvernement ottoman qu'il charge d'imprécations dans
un langage familier aux halles et aux faubourgs, lan-

gage que l'auteur a sans doute appris dans les couvents
où il a été instruit et élevé.

M. Azoury est mécontent de la Turquie parce qu'elle
a été mécontente de sa conduite. Elle a deviné ses
intentions, et l'a surveillé étroitement. Mais le Déserteur a cru que toute la nation était malade, égarée,
révoltée, entraînée par les Jésuites. En vérité ce ne sont
que ceux qui lui ressemblent par la pédanterie et le
manque de jugement, les cuistres qui ont reçu dans leur
enfance le vaccin jésuitique, gonflés de préjugés et de
théories fantasmagoriques, qui se disent mécontents.
Ils croient être cloîtrés, reclus, dans un monde trop
borné et trop étroit pour leurs larges vues. Leurs têtes
se sont faussées depuis qu'on leur a appris à imiter les
glorieux hystériques par les mortifications et les macérations. Mais ceux-là on ne peut les contenter qu'en
leur garnissant les poches d'or ou en leur chantant des
litanies. Alors, leurs nerfs crispés se dilatent, leurs cœurs
surexcités se reposent, leurs esprits troublés se rassérè-
nent. Mais l'Orient sémitique ne veut pas brûler
d'encens, ni chanter des actions de grâce en latin. La
majorité des habitants sont des musulmans, et ceux-là
sont contents et satisfaits de leurs mœurs et de leurs
lois. Ils ne doivent leur vie et la conservation de leur
indépendance qu'à la Turquie, qui eut un bras de fer
et qui sut les défendre contre les envahisseurs, alors
qu'ils étaient en pleine décadence et sortaient tout
meurtris de deux siècles de guerres avec les Croisés.
C'est la dynastie ottomane qui a sauvé l'Islam et la plus
grande partie des chrétiens orientaux que les croisades

avaient voulu anéantir. Ce fut par sa force colossale et par son énergie qu'elle repoussa l'Occident conquérant. Elle lui barra la route et déjoua ses ambitions. Ce fut elle qui, pendant des siècles, alors que l'Orient dormait paisiblement bercé dans une voluptueuse rêverie, sut le garder contre une Russie absorbante, une Autriche et une chrétienté dangereuses. Elle réconcilia les musulmans divisés en sectes et en tribus, livrés aux caprices des prétendants. Tous les sémites qui reposent aujourd'hui à l'ombre du Croissant et qui ont conscience d'eux-mêmes, tout en sortant de leur léthargie, veulent s'unir entre eux par le lien de leur race, pour demeurer les sujets fidèles de celle qui fut et qui est encore leur grande protectrice. Avec elle, ils veulent former une nation paisible, mais une force irrésistible, afin de garder leurs droits et leurs mœurs contre leurs ennemis nombreux. Ils souhaitent que la Turquie soit et demeure forte et avancée, en paix et en bon accord avec toutes les nations.

Autour d'elle, aujourd'hui, nombre de puissances cupides, rôdent comme des vautours, prêtes à se jeter sur elle pour la déchiqueter et l'asservir. Sans aucune raison, injustement, elles attentent à sa vie. La chrétienté conspire dans l'ombre. Elle est toujours vivante quand il s'agit d'écraser l'islamisme. C'est ce qui fait que la Turquie souffre d'un grand mal ; protectrice de l'Orient elle a assumé la responsabilité de le défendre toujours.

Elle souffre, car, non seulement elle a affaire dans ses provinces européennes à des sujets hostiles, groupes

divisés ethnographiquement et moralement, mêlés géo-
graphiquement, excités par des intrigues extérieures,
ne rêvant que troubles et désordres, toujours en luttes
entre eux par antagonisme de race et de religion, mais
aussi à des puissances civilisées qui visent ses posses-
sions et les pays dont elle a assumé la défense des
mœurs et des traditions.

En les défendant elle se défend aussi. Elle étouffe
des rébellions soulevées par des intrigues nuisibles et
insensées, comme toute puissance qui a conscience de
sa force, de son droit et de son devoir. Et toutes les
protestations prétendues humanitaires des puissances
ne sont que des machinations sombres, des preuves de
haine et de cupidité. Et ceux-là qui s'indignent ont
été seuls causes des désordres et des maux. Ils les font,
ils les créent et tout-à-coup, ils apparaissent terribles
et menaçants, réclamant la justice. Mais ils ne connaissent pas l'équité. Leur justice n'est qu'un égoïsme
étroit, une force brutale, un orgueil farouche, une cupidité dévorante.

En Turquie, les troubles intérieurs sont causés par
des gens peu nombreux, hostiles les uns aux autres,
perdus au milieu d'une population paisible et qui res-
teraient eux-mêmes tranquilles si une action extérieure
ne les excitait contre leurs propres intérêts et contre
l'intérêt de leur pays. Et des machinations de ces hommes victimes de leur aveuglement et de leur fanatisme,
la Turquie souffre et doit employer à les réprimer un
temps qu'elle pourrait mieux utiliser pour des projets
plus hauts et plus nécessaires.

Certainement, elle a réprimé et réprime des désordres et des brigandages soulevés par ces peuples absurdes, dans les provinces du Balkan et de l'Asie Mineure, causés par des intrigues extérieures, fatales à ces mêmes peuples aussi bien qu'à sa constitution. Quel est le gouvernement qui s'amuserait à contempler placidement les révoltes de ses sujets ? Serait-ce l'Angleterre dans les Indes ou au Cap, la France en Algérie ou à Madagascar, l'Allemagne dans ses colonies d'Afrique, la Russie dans les provinces qu'elle a soumises ? Qu'arriverait-il si ces hordes soulevées, si ces demi-peuples ennemis entre eux mais mixtes, restaient déchaînés ? Quelle civilisation, quel progrès, quel calme pourra-t-il résulter de ces insurrections barbares et insensées et de ces rêves des nationalités inexistantes ?

M. Azoury qui est très versé dans ces questions diplomatiques résout la question d'Orient en donnant Jérusalem au pape et en séparant les musulmans de la Turquie après les avoir latinisés. Trouver une solution à la question d'Orient n'est pas nécessaire ; cette question est tranchée. L'Orient appartient aux orientaux sous la domination ottomane. Quant aux chrétiens, ils ne veulent plus être protégés par ceux qui les martyrisent. Il est temps que ce jeu cesse. Le protectorat n'est qu'une prétention, et n'appartient à personne. Les églises soit latines, soit russes, l'ont inventé dans le passé pour leurs intérêts, et si elles ont su en profiter, les chrétiens n'ont fait qu'en souffrir et les puissances qu'y perdre ; elles n'en ont retiré que des ennuis et des embarras. Qu'est ce protectorat absurde dont le but unique est d'être un pont pour passer aux conquêtes, un moyen d'absorption et d'exploitation ? Veut-on que les chrétiens soient heureux, car ils n'ont souffert que depuis qu'on les a séparés de leurs compatriotes musulmans sous prétexte de les protéger, qu'on les délivre du joug des cléricaux, qu'on leur inculque un sentiment national, et qu'on les laisse vivre en paix sous la justice de la Turquie qui les a toujours mieux protégés que les Croisés et les Russes. On n'a qu'à les laisser vivre à côté des musulmans leurs compatriotes qui les ont toujours respectés pendant 16 siècles et qui ne les ont dédaignés que le jour où ils les ont vus entrer en rapport intime et secret avec les puissances étrangères, se détourner de leur pays par leurs sentiments, et demeurer au milieu d'eux comme des traîtres dissimulés. Les musulmans ont deviné que leurs voisins pouvaient devenir un jour leurs plus grands ennemis, qu'en favorisant par leur ignorance et leur naïveté l'influence étrangère, ils livreraient leur pays aux troubles, aux exploitations et à toutes sortes de revendications.

Quelques chrétiens, se voyant d'origine confuse, et sans homogénéité, se crurent sans nationalité et pensèrent que les musulmans sont dans le même cas. Mais tous les chrétiens ne sont pas ainsi égarés. Beaucoup parmi eux sont restés des orientaux sincères et aimant profondément leur pays. Que M. Azoury vendu à la Curie Romaine, cosmopolite, n'essaye pas de vendre ou de compromettre tous les innocents.

On trouve, il est vrai, en Orient, des fonctionnaires qui trahissent leur gouvernement, et qui ne sont pas fidèles à la charge qu'on leur confie, tels qu'on en trouve dans tous les gouvernements du monde, mais ceux-là, comme notre compatriote, sont des gens corrompus. La plupart ont été élevés dans les couvents, ou sont aveuglés par des préjugés ou vendus à une politique extérieure. Ils manquent de morale et de conscience et conviennent souvent au milieu qu'ils gouvernent. Toutefois, ceux-là ne doivent pas compromettre les justes et les honnêtes qui, fidèles à leur charge, ayant un profond sentiment national, d'honneur et de droiture, exécutent sans reproche les lois de l'Etat.

Le magnanime Azoury bey, ayant vu l'Orient manquer de belles architectures et de belles formes extérieures, le crut désert, couvert d'amas de ruines. Assurément, il l'a mal examiné et mal connu. Il l'a vu, à travers des lorgnons difformateurs, comme tous ceux qui sortent des cloîtres et qui n'ont pas étudié son histoire. L'Orient jouit de l'abondance, du repos, de la lucidité et de la vie. Le peuple y est beaucoup plus heureux, plus sain et plus satisfait que beaucoup d'autres peuples sur la terre. Il est plus libre et plus sage sous son ciel et dans son régime, ne montre ni masse sociale exploitée et souffrante injustement, ni lutte inexorable pour l'existence. Mais si l'Orient souffre d'un mal quelconque, ce mal lui serait venu du dehors. S'il ne fleurit pas comme autrefois, si depuis huit siècles il est engourdi, qu'on aille en demander la cause à l'histoire et à sa philosophie. Est-ce la Turquie qui lui donna le sommeil et le frappa de cécité ? Qu'on se représente, après la chute de ses premières dynasties et les funestes guerres des croisades, dans quel état pitoyable il se trouvait ! Les Ottomans ardents et énergiques l'ont préservé et protégé contre ses ennemis. C'est grâce à leur administration qu'aujourd'hui il secoue son linceul, se relève des revers entassés par le temps et qu'il ne ressemble plus à son état des quatre derniers siècles.

Aujourd'hui, les émigrations continuelles des chrétiens et des habitants du Liban, poussés par la cupidité et l'amour du gain, sentiments innés chez eux, appauvrissent et désolent certains parages. Beaucoup de ces émigrants disparaissent à jamais ; beaucoup reviennent, mais, démoralisés, déracinés, n'ayant plus un brin de souvenir national. Leurs poches sont pleines d'or mais leurs cœurs vides du sentiment du bien. Leur soin immédiat est d'étaler le luxe, les modes et les façons étrangères, seules choses qu'ils savent importer. Ils répandent ces défauts graves dans le pays, ils les inculquent à leurs compatriotes qui ne songent plus qu'à les imiter.

Habitants des villes et habitants des campagnes, fascinés, éblouis par l'éclat de l'or et séduits par le luxe, abandonnent leur pays et s'en vont à l'étranger. Les jeunes gens, sortant corrompus, aveuglés, efféminés des cloîtres ou de quelque établissement d'éducation d'une mission chrétienne étrangère, préparés pour des mondes fictifs, se jettent dans ce courant mondain, si rapide et si entraînant, de cupidité et de corruption. Ne se contentant plus de la vie aisée, douce et modeste de leurs pères, ambitionnant pour leurs caprices, des carrières indépendantes et des pays lointains, ils émi-

grent. Beaucoup sont aussitôt emportés par un flux qui
les engloutit. Les uns, par un hasard extraordinaire,
réussissent, gagnent une fortune souvent par les
moyens les plus bas, et restent à jamais loin de leur
pays. D'autres, errant à l'aventure parmi des nations
étrangères, ne pouvant s'adapter à aucun milieu social,
n'ayant ni assez de talent, ni assez de malhonnêteté
pour réussir, sont rejetés un beau jour sur les rivages
des contrées qui les ont vu partir, démoralisés et plus
malheureux qu'on ne saurait croire.

Le luxe, développé à l'excès, en particulier chez les
chrétiens, pauvres en sentiment national, encouragés
par les écoles jésuitiques, mais ne convenant ni aux
mœurs, ni aux lois du pays, car, pour le supporter, il
faudrait changer toute la vie sociale, la constitution et
la solidarité de la famille si fortement consolidée en
Orient, motiva leur émigration. Ecrasés chez eux
par les marchandises étrangères, ne pouvant ni leur
faire concurrence, ni satisfaire à leurs goûts dépensiers
dans un pays modeste et aisé, où l'on vivait et ou l'on
peut vivre encore avec peu de ressources, ils durent le
haïr. Ils l'abandonnèrent afin d'amasser ailleurs, où
personne ne les connaît, et par tous les moyens, l'or,
leur dieu, capable seul de leur procurer le luxe, leur
idéal. L'Orient n'est formé et n'est plus caractérisé que
par les musulmans ; le nombre des chrétiens diminue
par les émigrations. Les orientaux locaux parmi ces
derniers, ne seront plus, demain, que des étrangers.

Quand les musulmans introduisent au milieu d'eux
une innovation quelconque c'est que cette innovation

leur fut nécessaire, ils ne l'adoptent que pour augmen-
ter les matériaux indispensables de leur bien être, satisfaire un véritable besoin. mais ils ne renoncent point
pour cela aux mœurs et aux sentiments de leur pays.
L'objet nouveau introduit chez eux est devenu aussitôt
un objet local, s'amalgame à leurs choses nationales, se
conforme à leur milieu sans y rien détruire. Mais, quand
les chrétiens adoptent une nouveauté étrangère, c'est
plus par un désir d'assimilation, d'affectation et par
un caractère de corruption que par un désir de civilisation ou par un esprit de progrès. Ils veulent tout accep-
ter, tout prendre du dehors, tout imiter, et ce n'est point
pour un besoin ou pour une nécessité, mais simple-
ment pour leurs caprices et leurs fantaisies. C'est par
ignorance, par corruption et par manque de sentiment
national qu'ils veulent tout détruire chez eux, jusqu'aux caractères les plus beaux et les mœurs les plus
sains.

En se conformant aux innovations étrangères bonnes
ou mauvaises, ils se déracinent de leur pays, s'écartent
de plus en plus de leurs compatriotes, car ils ne chan-
gent pas pour se conserver mais pour se perdre, n'assi-
milent pas les mœurs étrangers par besoin mais par
caprice, n'y choisissent pas seulement les bons mais tout,
sans distinction des mauvais, ne se civilisent pas mais se
défigurent et se démoralisent. Voilà l'état actuel des
chrétiens d'Orient et le sort qui les attend.

L'humanitaire Azoury bey qui sut prévenir le monde
d'un péril juif universel et qui veut continuer à le prêcher sur les toits, dans les chaires des paroisses et

_même en vagabond à la manière des missionnaires, est, non seulement anti-juif au point de vue religieux, mais aussi anti-sémite.

Quand l'illustre bienfaiteur au cœur sensible voit arriver en Palestine de pauvres familles juives, humbles et paisibles, qui ont gardé les sentiments orientaux, et qui fuient une oppression ou un massacre dans les profondeurs de la Russie et de la Pologne, où elles se sont conservées, dans des masures misérables, pendant deux mille ans, malgré les tortures les plus infâmes des églises et des prétendus chrétiens fanatiques, il devient soupçonneux et méfiant. Quand il les voit aimer cette contrée de toute la force de leurs âmes, cette contrée pleine de leurs souvenirs et qui fut autrefois leur belle patrie, il devient jaloux. Et quand il les voit acheter quelques terrains déserts, former un groupe, une colonie, changer une terre sablonneuse en champs, en fermes, en villages, prospérer, fonder des écoles agricoles et des maisons d'éducation, il crie au secours, tend les bras comme un naufragé qui s'enfonce, hèle, beugle, hurle, vocifère, tonne, tempête, comme si on lui arrachait ses propres propriétés. Il sait très bien pourtant, au fond, que ces populations juives sont inoffensives, qu'elles apportent un bien immense dans le pays, que ce sont des hommes animés des mêmes sentiments que les indigènes et qu'ils appartiennent à la même souche, à la race sémitique. Il sait bien que ce sont des sujets ottomans, paisibles et tranquilles, pas plus commerçants que ceux du littoral de la Syrie et de la Palestine, industriels et agricoles plus que

tous les autres, et qu'ils comptent parmi eux beaucoup
de pauvres et de malheureux. Mais il est tenace, mé-
chant, égoïste, fanatique, catholique bigot, membre
de la société jésuitique, ennemi des faibles et des hommes appartenant à une autre foi. Les Juifs pour lui et
pour sa doctrine absurde sont des déicides. Les générations passées le furent et toutes les générations futures
le seront, inévitablement, fatalement.

Cela n'empêchera pas qu'elles furent et seront toujours vouées aux flammes éternelles et qu'elles méri-
tent l'extermination suivant les écrits des évangélistes.
Toutefois, notre dévot croit bien que les Juifs furent
l'instrument aveugle de sa divinité pour l'accomplisse-
ment d'une œuvre indispensable et surnaturelle, et
qu'il leur doit aujourd'hui le rachat de ses péchés ori-
ginels, mortels et véniels, l'ouverture du paradis et la
délivrance des embûches et des filets du diable.

Pourquoi M. Azoury qui prétend être nationaliste
ardent et qui arrive aussi facilement à haïr des mul-
titudes d'hommes, ne crie-t-il pas contre ces nombreux
étrangers qui exploitent la Palestine, tels que les Allemands qui ont des banques, de riches domaines et des
colonies ? Ceux-là sont de vrais accapareurs et des
exclusivistes, dédaigneux des indigènes auxquels ils
sont complètement étrangers, soutenus et encouragés
par leur empire colossal.

Les Juifs ne sont ni moralement, ni politiquement
étrangers en Orient. Ils travaillent tout aussi bien pour
le pays que pour eux. Ils ne sont les pionniers d'aucune puissance ; aucun empire ne les soutient, ils ne ser-

vent aucune nationalité étrangère. D'ailleurs, ils ont bien quelques droits sur les terres qu'ils occupent, car, ils les ont achetées et M. Azoury n'ignore sans doute pas que quand on achète on a le droit de posséder.

Pourquoi tonne-t-il si fort ? Ce n'est pas à lui qu'ils ont pris des terrains, ni à la Curie Romaine, ni aux chrétiens, ni aux puissances qu'il appelle à son secours. C'est du gouvernement de la Sublime Porte à qui l'Orient appartient qu'ils ont obtenu la permission de les occuper. Oh ! il a peur pour Jérusalem, pour les tombeaux de Jésus et des prophètes, le Cénacle et quelques autres lieux de ce genre. Mais qu'il ne s'effraye pas ! Les reliques n'ont aucune valeur pour les Juifs. Ils ont un esprit assez large pour se rendre compte que leur culte est au-dessus de ce fétichisme grossier. Les voix de leurs prophètes retentissent encore à leurs oreilles contre les symboles du paganisme, contre les temples et les usages dépravés qui ne sont ni le bien, ni la justice, ni la volonté de Jéhovah. Les Juifs se réjouissent peut-être, s'ils ne se chagrinent pas, quand ils voient leurs propres objets nationaux, les tombeaux de leurs poètes, de leurs moralistes, et de leurs rois, idolâtrés par des sectes qui portent encore l'empreinte du paganisme et dont le fondateur qui n'a été qu'un des leurs, ne les a pas idolâtrés de son vivant, lui qui avait en horreur le polythéisme sous toutes ses formes. Quand même tous ces objets ont appartenu et appartiennent encore, si on le veut bien, aux Juifs, ils ne les disputent pas aux chrétiens. Non seulement parce que ces reliques n'ont aucune valeur pour eux, mais aussi parce qu'ils ne pensent pas former en Palestine une nation distincte séparée du reste des indigènes. Bien au contraire, ils désirent se fondre moralement avec ceux-ci et former avec eux une seule nation. Ils laissent donc de bon cœur leurs objets nationaux aux vénérations des églises étrangères.

Nous avons vu de très près les Juifs en Palestine, nous les avons observés et nous pouvons tranquilliser l'inquiet Azoury et son Eglise. Ils ne songent pas à former un empire, à batailler contre les Arabes, à arracher aux chrétiens une caverne ou un tombeau, devenus pour quelques-uns l'unique objet du culte, pour d'autres, les fourbes, un moyen de vivre dans l'abondance et l'oisiveté. Ils viennent en Palestine parce qu'ils sont persécutés dans un empire barbare et chez des peuples antisémites, qui les considèrent comme des étrangers. Ils subissent pour des raisons injustes, des oppressions, des calomnies et d'odieuses injures. Ils viennent, parce que la Turquie, qui a été pour eux la plus libérale de toutes les nations d'Europe, qui ne les a jamais persécutés, leur ouvre ses portes, les protège et leur permet de fonder des colonies dans son territoire. L'illustre prédicateur a des oreilles pour entendre les préjugés des Jésuites et une conscience pour croire aux mystères, mais il refuse de prêter son attention à la justice et à la raison. Qu'il hurle donc de toutes ses forces, personne ne l'écoutera, sauf les cuistres et les fanatiques de son espèce.

Ses cris sont insensés et ridicules. Son chauvinisme et l'excès de sa haine ont échauffé et troublé sa pauvre tête. Pour le peuple auquel il a tout ravi, jusqu'aux lois de la morale, jusqu'à l'histoire intime, jusqu'à la plus futile légende, il n'a que du mépris. Téméraire, ingrat, jaloux, plein de vice, d'amour-propre et d'orgueil, d'ignorance et de fanatisme, il insulte la race, le passé et le rôle d'un peuple. Sans doute, il ne veut vanter que son passé qui est glorieux et sans tache.

Les Juifs en Orient sont chez eux ; cette terre devient leur unique patrie ; ils n'en connaissent pas d'autres. Ils ne lui fournissent pas un traître comme lui, ni un charlatan, ni un Jésuite. Ils ne l'exploitent pas dans l'oisiveté pour des intentions absurdes, comme les congrégations cléricales, telles que les Assomptionnistes et tant d'autres. Ceux-là sont de vrais brigands et de vrais accapareurs avec leurs couvents, leurs hôtelleries et leurs domaines. Non seulement ils sèment l'antagonisme et le fanatisme, vivent dans la corruption, mais ils dévalisent les dévots pèlerins. C'est par des promesses hypocrites, des discours sonores, religieux, chaleureux, qu'ils les écorchent et leur font vider toute la bourse. Ils se multiplient dans les bâtisses, désertant leurs patries où la loi n'autorise pas leurs ambitions. Ils s'installent en maîtres sous le beau ciel de l'Orient. Leurs nations même qui les expulsent les favorisent sur ce terrain étranger, les encouragent à l'exploiter et leur y facilitent la vie. Ce n'est pas l'agriculture qu'elles enseignent, ces congrégations, mais l'absurdité et la superstition ; ce n'est pas la morale du bien mais le vice, ce n'est pas l'histoire nationale mais celle de Jeanne d'Arc, de Godefroi de Bouillon, tout ce qui cache et rappetisse pour les jeunes orientaux leur nationalité.

Les Juifs ont des colonies en Palestine mais, ils ont transformé des terrains incultes et marécageux, en jardins potagers, en fermes, en villages. Ils ont apporté l'industrie, la prospérité, la vie. Ils ont rendu un immense service au pays, que peut-on leur demander de plus ? Ils ont incité les indigènes négligents à imiter leur exemple de labeur, d'activité et de patience. Il suffit qu'ils préparent des hommes pour le pays et pour son gouvernement.

Pendant les six premiers siècles de l'ère nouvelle, sous la domination païenne et chrétienne de Rome, la Palestine, cette belle et florissante contrée de la Bible, ce jardin embaumé de Flavius Josèphe, ces champs fertiles couverts de moissons, avait été changée en un désert affreux, lieu de pèlerinage, séjour des moines et des anachorètes, asile sombre de pleurs, de macérations et d'ascétisme, centre de monastères et d'églises. Plus tard, pendant les deux siècles que la chrétienté occidentale employa pour la conquérir, elle devint à nouveau un amas de ruine, après une période florissante de quatre siècles sous les Arabes. Aujourd'hui, c'est une pépinière de cléricaux qui l'étouffent et dont l'effort prodigieux de civilisation ne consiste qu'à multiplier les églises et les couvents pour y vivre dans la corruption et démoraliser les autres. Ils parviendraient s'ils pouvaient à couvrir entièrement cette contrée d'édifices de ce genre et pour le même usage, car, les lieux dits saints pullulent, et l'on sait, d'après la légende, que Jésus a parcouru presque toute la Palestine. Leur foi d'ailleurs saura les multiplier. Cette contrée maudite

d'après eux est destinée à demeurer un lieu de gémis-
sement, de remords et de contemplation. Ils sont les
ennemis de ceux qui veulent la relever. De tout temps
ils furent en Palestine des destructeurs de tout progrès.

Si les juifs et les indigènes avec l'aide du gouvernement ottoman réussissent à rendre à la Palestine un
peu de son ancienne splendeur, frappés d'anathème par
le pape, ils recevront néanmoins les remerciements de
l'histoire et des générations futures. Des grands chan-
gements déjà s'y sont effectués, que d'autres et d'autres
encore suivront, jusqu'à ce que cette terre maudite
redevienne la terre bénie. Elle secoue son linceul, sort
de ses ruines et veut paraître belle, car ses revers sont
terminés.

Mais l'illustre Azoury bey et ses amis croient voir les
Juifs fondant un empire et bouleversant le monde. Quel
cauchemar ! Comment le bouleverseront-ils, eux qui
ne sont qu'une poignée, souffrante et persécutée ? Le
fanatique voulut être arabe et nationaliste ardent,
chauvin pour être anti-juif, mais il fut sans le savoir,
anti-sémite, car, il a oublié que les Arabes et les Juifs
sont issus d'une seule et même race.

Si la France d'aujourd'hui ne veut plus s'occuper
des Cordeliers internationaux, fous et fanatiques, qui,
pour une dalle d'un parvis, un balai, une bougie, ver-
sent le sang dans les lieux saints, si elle ne veut plus
prêter son appui à un tas de congrégations vicieuses,
qui exploitent et démoralisent des populations entières,
c'est que cette puissance est en pleine lumière et en
pleine civilisation. Dans sa grandeur, elle dédaigne les

mesquineries, les étroitesses, les folies et les abus de ces bandes. Elle a un autre idéal que celui de soutenir des associations parasites, ennemies du progrès et de la civilisation, n'ayant en vue que leurs intérêts propres et qui partout où elles s'installent sèment le mal et l'antagonisme.

Elle reconnaît bien que l'humanité a trop souffert de leur influence et de leur règne. Elle reconnaît que l'Orient qui en fut la victime dans le passé, râle aujourd'hui sous leur domination et qu'il n'appartient qu'à ses enfants, aux seuls orientaux. Elle sait que ces armées noires sont néfastes à son progrès, qu'étant ses ennemies déclarées, étrangères à son esprit, elles ne peuvent leur apporter aucun bien.

La France sait bien que les lieux saints sont en sûreté, ouverts aux dévots et que les pèlerinages, de tout temps organisés et de tout temps respectés et tolérés, aussi bien par les Arabes que par les Ottomans, continuent aujourd'hui, comme autrefois, malgré les abus, sans aucune difficulté sous la surveillance de la Turquie. Notre gouvernement fut et est très généreux. Plus tolérant qu'il ne faudrait, il ferme l'œil à tous les abus et à toutes les vexations qui fourmillent dans les parages où les corbeaux noirs se sont abattus en masse, sans aucune limite à leurs ambitions et à leurs rapines. Aucune loi n'a été faite contre eux.

La France d'aujourd'hui méprise les intentions et les visées de l'orgueilleux et prétendu représentant de Dieu, le plus grand charlatan du monde. Elle dédaigne ses troupeaux et ses armées dont les cœurs sont plus noirs que leurs soutanes. Si le Vatican avec sa Curie travaille pour latiniser, convertir et absorber l'Orient, arrêter sa marche vers le progrès, étouffer tout épanouissement qui lui soit particulier, il peut être sûr que la République française ne le favorisera pas. Elle contrecarrera ses actions nuisibles et insensées d'accord avec tous ceux qui travaillent pour la paix, pour la civilisation, pour la raison, pour la justice et pour l'humanité.

9 782019 964207